은이隱里골에 숨다

국립중앙도서관 출판예정도서목록(CIP)

은이(隱里)골에 숨다 : 함동수 시집 / 지은이: 함동수. --
대전 : 지혜, 2015
p. ; cm. -- (지혜사랑 ; 135)

용인시 창작지원금을 일부 받아 출간되었음
ISBN 979-11-5728-162-6 03810 : ₩9000

한국 현대시[韓國現代詩]

811.7-KDC6
895.715-DDC23 CIP2015029320

지혜사랑 135

은이隱里골에 숨다

함동수

지혜

시인의 말

어느새 여름이 지나면서 서늘해졌다.

계절 때문만은 아니고 며칠 전까지만 해도, 남북이 곧 끝장낼 것처럼 긴박한 상황이 어제로 종료 됐기 때문이다. 매사 계절과 상관없이 조급해졌다.

지나보면 한 장도 안되는 일이지만, 역사도 이 길을 지나야만 한다. 이럴 때마다 세상은 입체적이면서 평면적이라는 생각을 지울 수 없다. 세분된 입체적인 판이 순간적으로 쏜살같이 지나가는 파노라마.

그래서 하고 싶은 말을 억지라도 시로 쓰고 싶다는 의지가 요즘 들어 무섭다. 그렇게 생각할 때마다 내 거친 생각들이 시를 통한 주장이나 외침으로 표면화 되는 것이 아닌지.

시를 힘으로 밀고 간다는 충고를 잊은 것일까.

그러나 시쓰기의 방향이 문화의 흔적을 살피고 역사에 담겨진 의미를 찾으려 찾아다닌 길이 결코 무의미한 일이 아닐 것이라 생각하면서 용인지역의 은이성지를 비롯한 심상찮은 지난 역사적 사건들을 음미해 볼 때, 결코 간단치 않은 무게를 느꼈다.

그 나머지 쏟아낸 시가 반짝이지 않는 것은 시인 한계다.

그러나 지난 역사에서 미래를 찾아내 담고 가야 할 의미를 되새겨 보려는 시도가, 이 시대의 시인은 물론 각계에서 일어나길 기대한다

이렇게 을미乙未년이 또 간다

2015년 초가을

함 동 수

차례

1부

2부

3부

4부

5부

6부

• 일러두기

한 연이 첫 번째 행에서 시작될 때는 > 로 표시합니다.

1부

은이隱里*성지에서

은이隱里골을 찾아 가는 길
비좁고 구불한 길을 지나며 지난날
온갖 고난을 넘으며 연명했던 선지자들의 통증을
헤아려 보네

김대건에겐 성소의 길이지만
포졸들이 분주하게 들락거린 남곡천 길은
순교의 길이고 공포의 길이니
숨차게 허덕인다

젊은 나이에 왕조의 시퍼런 칼을 담담하게 받았다던
김대건의 그림자를 좇아 오르며
걸음마다, 그의 사명이 무엇이었는지
서늘하게 생각하네

성지를 알리는 입구에 세워진 표지석과
칼날에도 끄떡없는 그의 석상石像은
백여 년을 지나고도 굳은 손에 성경을 놓지 않았는데

성지 곳곳에 높게 자란 미루나무 끝
자그만 공소 종탑 끝
하늘 쪽으로 맞닿은 은이 산마루 끝에

그의 혼이 성성하게 살아 있음을 보았네

* 용인시 처인구 양지면 김대건 신부가 활동한 공소지.

골배*마실에 가서

뱀이 넘실넘실 나온다는 양지 뱀골
은이隱里보다 양지가 더 가까운 골짜기로
김대건이 숨어들었는데
무엇을 믿었을까

지금은 남의 땅
번듯한 골프장 안에서 급변하는 시대를 바라보는 석상 하나
낡아 무너져 내리는 왕조에 시퍼런 목숨 걸고 할 만한 일이
사람 깨워 등불 하나 들었던 그는
철조망에 갇혀 이 시대를 어떻게 바라볼까

이미 여러 해
하늘을 의지해 개명의 깃발을 들었지만, 끝내
조선은 깨어나지 못하고
동학東學의 횃불이 다시 일고도
경술국치庚戌國恥를 당했으니

새벽이 다시 와도
깨어나지 못한 사람에겐
꿈조차 꾸지 못하는 밤이었으니

캄캄한 시대를 개벽처럼 열고자 했던 그의 생가엔

아직도 너른 풀밭이 물결 치지만
이젠 제초제 뿌려대는 골프장이 들어서
득시글거리던 배암조차도 흔적이 없네

* 김대건의 은신하던 거처 마을.

광파리 골의 전설

서늘하고 컴컴한 광파리 골짜기엔
깨진 사금파리 조각들이
어지러이 널려 있다

항아리도
그릇도
화병도
술병도
꿈도 깨져버린
절망의 바닥을 기어오르던 안간힘의 골짜기

한 때
솔뫼에서 칼을 피해 숨어 들어온 이들이
연명을 잇는 일이란
숯 구워 독짓는 일이었는데

밤낮으로
흙을 빚고 두드려 옹기 굽는 일이
장차 조선을 깨우는 등불이 되리라
굳게 믿었지만

왕조의 칼날은 멈추지 않아

항아리도
김대건도
옹기쟁이도
끝내, 왕조도
모두 목이 서늘하게 달아났다

묵리墨里

1.

묵리墨里란 마을
먹처럼 번져오는 광파리 깊은 골짜기
안개 어둑하다

김대건이 솔뫼에서
살자고 찾아든 한터골閑德洞엔 발붙일 곳이 없이
끝내 순교로 스러졌는데

골 깊어 어둑하고 무거운 그늘의 땅
명암이 공존하는 명계冥界의 땅
아직도 어둑하다

2.

묵리의 거문댕이골, 한터골, 광파리골
사지死地나 다름없는
이곳 저곳에 수많은 교우들이
신과 죽음 사이를 오간 시간들은

극한의 시커먼 어두움으로부터

하얀 길이다

붉 곰이다

3

김대건 신부와 김제준,
김 시몬, 김 마리아와 교우들이 솔뫼를 떠나
그늘진 음지에서 목숨은 부지했으나
깊숙이 문수산에 닿으면
산그늘 아래 빛이 멈췄다

그 아래
갈 곳 없는 음지로
자비慈悲는 없었다

4.

몸부림처럼
땅을 파고 흙을 빚어
옹기를 구웠다

>

거문댕이는
시커멓게 그을린 옹기 가마터
곳곳이 흑산黑山*으로 나뒹굴던 곳

세월로 덮어도
덮어도 수백 년 간 씻기지 않을 고난의 전설이
곳곳에 널려

시커멓게 번진 사지死地같은 땅에
풀꽃처럼 피어난 요셉성당 하나
덜렁, 골을 지킨다

* 성안드레아 : 김대건 신부 세례명.
* 흑산 : 김훈 소설집.

신의 이름으로

옹기구이로 연명하던 교우들이
'우리의 주님은 하느님이시다'는 말 한마디에
목이 달아나는 시대

그 신념의 화살은 어디를 향했을까

용인 양지면 대대리 음다라니 산기슭에 목 없는 줄 무덤
적막강산인 묵리 한덕골 산상의 가 무덤假墓
수지 신봉동 시봉부락의 손골 돌무덤
병인 때 문경 여울목에서 이장移葬한 요한 이윤일도

무자비하게 목이 달아난
수많은 이들의 희생의 징표 무명 순교자 비無名 殉敎者 碑,
그래도 젖은 비碑 곁으로
때 잊지 않고 붉은 꽃들이 활짝 피었으니

순교殉敎는
시대에 앞서 목숨을 걸고 던진
위대한 시 한 편이다

신의 이름으로

은이隱里골

죄목은 단지
신의 백성이라는 것
하늘처럼 생각하라는 것이었는데

갈수록 컴컴해진 은이마을에서 잡혀온 교우들을
집도 옥답도, 심지어 처자까지도 사자死者들의 광란같은
인간사냥으로 끝이 났다는데

170년 전
나랏님과 백성이 평등하다고 부르짖던 십자가를 박살내며
밤낮으로 제 백성 잡아 죽이던 수많은 칼날은
도대체, 누구던가

120여 년 전
탐관貪官의 횡포에 못살겠다고
투박한 손에 쟁기 들고 분노의 파도가 전국을 휩쓸 때
우리 백성 죽여 달라고 청군, 왜군 불러들인 자는
도대체, 누구던가

비극은 지나갔으나
역사는 결코, 지나지 않아
도래할 시간에 징검다리를 놓고 있었네

>

어둑한 은이골隱里 따라
좋은 양지陽地에서 조용해진 숲길 걸으며
순교의 의미를 깊게 생각해 보네

먹 그늘

빛은 그늘에서만 나오지
그늘이 있어야 빛이 있지
그늘이 많아 어둑한 묵墨이라지

그늘이 드리운 묵리에서는
극한의 인고 아니면 죽음뿐이던 그늘 밑에서도
숭고한 하늘의 뜻은 살아있지

국민이 먼저인지
왕조가 먼저인지는
한바탕 살육殺戮의 굿판이 벌어진 후에나
아는 일이니

신이 내려준 고난으로
양지陽地에 내린 냉엄한 위기는
수많은 순교의 피로 보답했지

지금도
묵리墨里엔 큰 그늘 밑에
흰 강이 흐르지

김대건과 김수영

1821년 솔뫼에서 태어난 한 신부와
1921년 서울에서 한 시인 탄생의 기록을 보니
참으로 묘하게도 백년차인데

그 열정적인 삶의 마감을 계산해보니
김신부는 1846년 마포구 합정동 절두산에서
김시인은 1968년에는 마포구 구수동 도로에서
122년의 간극으로 명을 달리했으니

그 때, 김대건 신부는 약관 25세로
김수영 시인은 47세 불혹의 나이로
세상을 혁명처럼 바꾸자는 명징한 주장을 남기며 떠나갔는데

그로부터 169년 후, 초봄
김현경 여사*가 양지陽智 은이성지에 찾아들어
두 손 모으고 둘러보니

앵산罃山* 같은 텅 빈 초지
석상과 소소한 표지석, 나무 몇 그루가 남아 있을 뿐
초연한 그의 목소리는 들리지 않는데

아!~

아직도 이렇듯 시퍼렇게 젊은 청춘의 신부
너무 아깝다는 한탄이 메아리처럼
기념관 성당을 울리고

고요한 산속의 성지 한구석엔
혼자 공소公所를 지키고 있다는 검은 신부
지난 왕조처럼 텅 빈 성지를
지루하게 지키고 있네

* 김수영 시인의 부인.
* 1895년 수왕회 사태의 무대가 된 이천군 설성에 있는 산.

문수산文秀山

문수산 주변으로 둘러 펼쳐지는 성지들

남쪽으로 골 깊은 묵리가
북쪽 멀찍이 떨어져서는 은이마을이
동쪽으로 학일리와 서쪽으로 미리내 성지가 있는 정점頂點에
묘하게도 문수文殊산이 있는데

문수산의 여래입상 밑 사방에서
피비린내 나는 서학西學의 박해 현장을 내려 보면서
아무 말도 없이 조용히 자비의 손을 거둔 문수산의 여래如來
어디에도 분별없다던 부처의 자비는 간데없이
끝내 여래는 오지 않았다

어디를 내려다보아도
한시도 편할 날이 없었던 문수산 바로 밑 계곡에
서울의 식수가 되는 경안천 첫 발원지가 있으니
생명의 샘터다

문수산에서부터 발원하는 경안천慶安川
얼마나 깊었으면 해곡海谷일까
깊숙한 바다계곡으로 흐르는 생명의 젖줄에

석유石油비축기지가 들어섰으니
서울이 안심할 수 있을까

100여 년 전, 이곳
미망迷妄으로 숱한 사람들을 사지死地로 몰더니
이제는 생명의 젖줄에 기름 퍼부어 죽게 생겼다는
주민들의 볼멘 항의가 빛바랜지 이미 오래다

뗏목 길

월악산 영봉靈峰에 달뜨고 삼년이면 강물이 트인다는
북하회北河回의 갑오甲午년
큰 염원이 이루어진다는 전설을 따라
수왕水王이 뗏목의 물길을 열었다

정선 아우라지의 여량餘糧을 떠난 뗏목이
동강을 지나 충주호를 지나 굽이굽이 숱한 계곡을 지나서
한성 마포에 다다르는 뗏목길

주천 빈양산 앞은 강폭이 넓어 뗏목도 쉬어간다는
부론富論 강나루 허름한 주막집에도 왁자지껄 목상들이
흥청거렸다는 전설을 들으며

먼 계곡에서부터 뗏목을 띄우고
지나는 곳곳에 밥과 술을 나누었다는 풍요의 마음으로
강물 따라 두루 나누며 지나갔다는
여량餘糧의 전설이 흐르는 물길 따라 새롭다

끝내, 북한강과 남한강이 두물머리에서 합수하여
한성으로 흘러들었다는 정선 뗏목의 마지막 전설을 들으며
그 중심을 지르며 흐르는 물길을 더듬어 가는 마음이
한반도를 아우르는 힘이라 믿는다

2부

홀로 아리랑

아리랑~
아리랑~
피 맺힌
아리랑 노랫소리가 들린다

홀로 아리랑으론 안 되지
이렇게는 아무것도 안 되지
치욕의 피 흘린 몇 할머니 외침으론
어림도 없지

해방 70여년이 되어도
서울 하늘아래 펄럭이는 일장기를 보면
완전 조국해방은 아니지

현해탄을 넘어서서
한 발 건너 두 발을 디딜 준비를 하는 그들은
달콤한 옛 추억으로 시기만 노리고 있지

출렁이는 역사의 밑창엔
또 다시 넘어오는 더러운 군화발이 보이지
이렇게는 안 되지

>

언젠간
결국엔
너의 목에 칼이 들기 전엔
멈추지 못하리

눈물의 아리랑
홀로 아리랑만으론 안 되지, 이젠
둘 중에 하나는 주저앉아야
아리랑이 끝나지

GPS

조금도 침범치 말라
경계엔 서슬이 퍼렇다, 옛 시절
동네 한가운데 드높고 좋은 터를 호의로 내어준
언덕 밭

호의는 간데없이
제멋대로 허접한 줄자로 금하나 긋고는
종교 부지라고

인정할 수 없네

끝도 보이지 않는 바다 한가운데를
기억도 없는 조상이 금 그어 다케시마竹島라고
때마다 되풀이하는 너희들

요즘은 GPS위성이 오차도 없이 가려낸다는데
수천해리의 바닷길을 어찌 잊어버리곤
매년 '다케시마竹島'라고 짖어대는가

절대, 인정할 수 없네

이제는

길을 빌려줄 의향도 없고 쪽발이 닿는 것도 사양하네
길을 잃어버려 헛짚어 헤매는 것이라면
여기, 유능한 측량기사 송씨를 보낼 것이니
부디, 참고하시고 정신 차리시라

왜국倭國의 신민臣民들아

동물의 왕국

지옥인지 천국인지 모를 시원始原의 나라
맹수들은 고기를 원하고 인간은 이 모두를 원한다
배부른 천국을 꿈꾸는 동물들을 클로즈업하는 카메라맨들

드디어 사자獅子가 떴다
초식동물들은 순진한 풀을 뜯고
풀숲의 맹수들이 긴장한 순간
물소 한 마리가 털썩 꼬꾸라진다
육중한 체구를 갖고서도 온순한 속성으로
목이 물려 헉헉거리는 사지死地의 결

아이가 지루한 주검을 보다 못해 채널을 돌린다
치환되는 화면은 또 어디서 나타나는가
위안부와 학도병을 선도하는 위대한 교육자들
오래전 동물의 천국이 여기 또 있었는가

수 백 키로의 몸무게로 휘청거리는 생사
뒤돌아보다가 다시 버둥거리는 사지四肢의 끝
곳곳에 분노가 펄럭이고 있으니

화면이 끝나도 마음의 시간은 해방되지 않는데

세월아

엎어진지 여드레 날
티비 화면에 같은 숫자가 떴다

실종 174.
구조 174.
사망 128.

산 자와 죽은 자
그리고, 알 수 없는 숫자가
자랑처럼 물위에 떴다

의미 없는 죽은 자의 숫자
있어도 갑갑한 실종자의 숫자
살아도 산 것 같지 않은 산 자의 숫자

산수 시간만도 못한 셈을
하루 종일 중계하며 셈수를 가르치지만
매일 틀리게 답을 적어오고 적어간다

캄캄한 숫자를 174까지 세는데
8일이 걸리고도 그 누구도
아직 모른다

>

껌뻑이는 화면의 숫자는 다시
구조 174.
실종 150.
사망 152.

뚝, 뚝 떨어져
너부러진 푸른 꽃들
저 중에 신사임당이 있고
이순신이 있고
김구가 있다

아 -
이 많은 명장名將들이 어디로 간 것이냐
얼마나 많은 꿈이 사라진 것이냐
우리는 대체 어디로 기울어지는 것이냐

기울어진다

기울어져간다.

기울어졌다.

기울어진, 저 끝에서

악마의 속삭임이 들린다

'동요하지 말고 기다리라'

끝내, 엎어져

이제 잠기는 시간

처음 본 캄캄한 세상

환장할 세상

손톱이 부러지도록 긁고, 또 긁어도

끝내 오르지 못하고

여럿이 그 속에 남았다

乙未年 오후

가을 하늘에 을미乙未가 지나가네
오래 전
그 을미乙未가

오늘 머리 큰 아들을 장가보내느라
분주한 시간이 멈추고 나니 그늘이 허전하고
한 때, 빈 밥그릇의 시절이 지나
어둑하게 주저앉은 그림자조차 누추하다

그 을미년乙未年에도 밥그릇은 궁했다지
빈대 끓는 제 백성을 때려잡는데 외국 군대를 부르고
백성을 향해 무지한 칼날을 던질 때부터
나라는 이미 기운 것인데

왕조가 왜倭국에서 부른 그 지원군이
백성도 죽이고 왕비도 죽이고
제 멋대로 지지고 볶는 괴변이 일었으니

이런 황망할 데가 –

두통은 아직 가시지 않고
축의금으로 받은 돈을 부치러 은행에 간다

반은 갚은 것이고, 반은 갚아야할 부채
빚 갚으러 가는 길이 멀다

짐을 덜은 것인지 얹은 것인지
분간없는 시대를 가는 가장家長이
온 가족을 수레에 싣고 흔들흔들 밀려가는
을미년乙未年 오후

백령도에 가서

더 나갈 수 없는 최북단의 섬
뭍 떠나 서쪽으로
물방울처럼 튀어 외로운 땅
백령도

적지敵地에 바짝 다가앉아
넘지도 남지도 않는 아슬한 절제의 선으로
점점이 이어져 마침표처럼 떠있는
먼 바다 학섬에 간다

항을 떠나 뱃머리를 북으로
화약내 나는 북쪽으로 마음 단단히 부여잡고
서부전선 고지처럼 떠있는 섬들에게
진정 안부를 묻노니

서해의 섬들이여! 안녕하신가
뭍은 그대의 존재만으로도 위안이 된다네
폭풍우에 휩쓸리지 말고 파도에도 흔들리지 말고
부디, 서해의 뿌리로 잘 있게나

뭍에서 멀다고 공해公海가 아니고
항 떠나 멀리 있다고 해외海外가 아닌 것처럼

그대 있는 학섬까지 가는 길이 전선戰線이고
GP가 아닌가

우리 열정의 젊은이들이
피 흘리며 충직한 조국애로 사정거리의 그대들을
안전보장하고 있나니

북녘 땅보다 먼 끝 섬이여!
뭍 떠나 외로운 사람들이여
훗날, 이런저런 아픈 상처 잊지 말고
이야기로 두루 전해주시게

소녀상 앞에서

'니들은 우째 구경만 하노?'-
몽둥이 한 대 후려 맞은 것처럼 정신이 번쩍 드는
할머니의 대갈大喝 한 마디에
얼굴이 화끈하네

두 손을 꼭 쥔 채 무릎위에 단정히 올려놓고는
단호하고 야무지게 입을 닫고
인기척도 없는 일본대사관을 향해 뚫어지게 쳐다보는
소녀상을 보네

해방 70년이 되어서도 아직
서울 하늘아래 펄럭이는 붉은 깃발을 쳐다보면서
조국의 완전해방도 아니라 생각하네

외침은 10여 년이 지나고
삼천 일이 지나도록 지난 치욕의 36년처럼
굳게 닫힌 대문은 단단하기만 한데

발을 떼지 못하고
소녀상 앞에 꿇어 앉아
번갈아 쳐다보네

제암리*에 가서

숲속의 매미 우는소리가
개울을 넘어
가슴을 오려낸다

맹렬히 울어대는 매미소릴 들으니
세월 넘어 우는 설움에
여름 한기로 오싹하다

나, 이태 것 살면서
저처럼 격렬하게 울어보고 싶은 적 있었으나
때마다, 크게 울지도 못하고
명命을 구걸했으니

그 설움, 그 억울함
얼마나 깊은 소린지 오늘은
나도 따라 실컷 울어보고 싶은 날이다

뜨거운 가슴으로

* 일제 강점기 경기 화성 제암리 교회 희생지.

중국식당 가면

둥근 식탁 판을 돌린다
빙빙 돌려가며 여러 음식을 나눠먹는 이 풍경
여량餘糧의 정겨운 밥그릇이란 말인데

두레 밥처럼 공동의 밥그릇을 휘 돌리며
한 숟갈씩 무조건 담아내는 공산의 밥그릇
그럴 듯 생경하다

한 쪽이 밥그릇을 당겨 담으면
조마한 마음으로 품위를 지키지만
넉넉한 밥그릇일 때조차 초조해진다

밥은 언제나 불안하다
밥을 보면 아직도 배고프다
분배의 회전, 재분배의 회전이다

그러나 그 밥상
무조건 나눠먹자는 밥그릇엔
오싹한 느낌이 든다

저 밥그릇 텅 빈다면

중심을 쳐라

작업현장에서 화물차 뒷문이
닫히다 말고는 한쪽이 끼어 열리지도 닫히지도 않는다
필시, 순간 어느 한쪽이
억압의 축으로 닫힌 것인데

문이 닫히는 결정의 순간
중심의 축은 대체
어디를 가리킨 것일까

축의 이동을 두고 고민에 빠져있을 무렵
정비사 김씨가 갑자기 쇠망치를 들고는
말릴 틈도 없이 중심을 내려친다

제 자리를 찾지 못한 걸림쇠를 두드려야 한다는데
중심을 사정없이 두드리는 이 억압적인 횡포를
어디선가 본 익숙한 광경이다

뒤틀린 걸림쇠는 그대로 두고
중심축을 바로 잡겠다고 휘두르는 무거운 쇠망치에
모두들 놀라 입을 닫는 순간
문짝이 텅, 하고 닫히니

>

내려치던 망치를 집어던지고
의기양양하게 소주 한 잔 하러 간다는 그의 뒷모습을 보며
중심을 치는 혁명의 유혹을 느낀다

처인성*에 가서

용인 처인구 남사면 아곡리 산 43번지
야트막한 토성에 오르니
결사 항몽으로 굴기屈起한 조상들의 푸른 혼이
곳곳 숲속에 넘쳐흘러 오싹하다

800년을 지나 문드러진 야트막한 토성을 방패로
천리강토를 파죽지세로 짓밟아 내려온 몽고의 철마鐵馬를
단 한 발의 화살로 제압했다는 처인 부곡민처럼
허름하고 나직한 둔덕이 아리다

빗물에 씻겨 반쯤 기울어 지친 야산
엉성한 통나무로 둘러 친 나직한 토성을
철마는 끝내 오르지 못하고 주저앉았다는
위대한 처인성의 전설을 듣는다

백년 간 조공 바치던 굴욕도 모자라
우리 강토를 짓밟으며 또 다시 쳐들어온 몽고 철마들이
수장首長의 주검을 들고 조용히 머리 숙이며
물러났다는 야산의 전설을 들으니

돌 하나
풀 한 포기

나무 한그루
나직한 토성까지도
자랑스럽고 소중하기 그지없구나

* 용인의 항몽 승전지.

하루 사는 법 2

— 소방관의 길

나 이제껏 살면서
두려운 것 없이 사선을 넘나들었지만
결코 두려운 것은 분별없이 캄캄한 화재 현장이 아니라
대낮처럼 환하게 밝아도 기약할 수 없는
내일이다

나를 버리고 너를 위해 살아왔지만
이 길이 결코 후회스럽지 않은 것은
누군가 분명, 목숨 걸고 지켜야 할
가치가 있기 때문이다

수시로, 아득하고 캄캄한 화재 현장속으로
화마에 굴복하지 않고 뛰어드는 것은
사지死地에서 사랑하는 나의 가족이 가느다란 손으로
구원을 갈망하기 때문이다

나, 오늘도 어제같이 살아가지만
결코 내일을 기다리지 않는다, 다만
우리 이웃을 위해 살아가는 밑거름으로
명예롭게 남을 이름 석 자를 기대할 따름이다

3부

김포행 비행기에서

어제 새벽에 왔던 길을 되돌아간다 그렇다고
날짜선을 넘어 어제로 가는 것도 아니다
되돌아가는 것은 회귀가 아니라
연장이다 어제 온 한 선이
죽 그어진다

공중에 떠있는 비행기는 자유롭다 그러나
팔 하나 휘두루기에도 좁은 폭음 속에
고요를 즐기며 악전고투하고 있다
허위와 탐욕이 없는 비행엔
목적선 만이 머리 위를 획 긋는다

나는 지구를 잠시 떠나
우주를 떠다닌다
이제 나는 너와 관계없는 세상에 산다
암전이다 지워다오

그러나 구름 위를 나르다
얼마 전 간암으로 승천하는 친구를 만나면
그러면
그러면
그놈을 낚아채서 데리고 가야겠다

허공은 비어 있던 게 아니었다
생생히 살아 철새도, 휘몰아가는 계절풍도 섞인다
비행기도 새처럼 날개를 펴고 퍼득인다
모두가 캄캄한 별들을 좇아가는 이유가 궁금하다

이륙한 시간을 보니
명命이 길어졌다
명계冥界가 이쯤이지 않을까

꽃잎 내리다

눈 빛 내린 설경처럼
벚꽃이 환한 저녁 한 때
밤비 소식에 괜스레 걱정이네

새벽에 울리는 핸드폰을 들고는
주섬주섬 옷을 걸치며
실안개 뿌옇게 내리는 주차장으로 나가니
온통 천지가 하얗네

막막寞寞한 새벽 아침에
이렇게 하얀 꽃 치장하고는
어디를 가시려나

꽃잎을 펄펄 날리며
뒤도 보이지 않고 달리는
긴 새벽
하얗게 꽃잎 날리며 길을 떠나네

끊지 못한 전화기 속에선 여운처럼
축축한 목소리 웅 웅 웅 -
귓전을 빙빙 도는데

꽃잎 우르르 쏟아져
펄펄 날리며
먼 길을 떠나가네

소리쟁이

산 그림자보다 커지는 키는 어쩔 수 없어
바람의 노래가 가까워지는 건 어쩔 수 없어
저녁달을 따라가는 건 어쩔 수 없어

누구보다 종소리를 크게 들려주고 싶어서
가을이 되면 꽃대에서 휘파람 소리가 자라났지
머리가 마르고 바람이 불면 먼지털이개처럼
마른 몸에선 요란한 비명이 커져갔지

진딧물이 말라붙는 소리일 거야
개미들이 한바탕 소동을 벌이는 비명일 거야
마디가 뼈를 세우고 줄기들이 붙잡아도
바람소리 윙윙거리는 풀 속은 숨이 찰 거야

내 몸에서 나는 비명은 이명耳鳴처럼
들리지 않는 몸부림인데
바람이 흔드는 울림을 어찌하라고

풀숲의 기다란 키는 어쩔 수 없어
나도 울고 싶지 않은데
바람이 흔드는 걸 어쩌라고

그 바람을 나는 어쩌라고

피고 지는 꽃

어둑한 병동 지하로 흐르는 물에
발을 적시려고 하는 빨대

이르지도, 늦지도 않은 아침 시간
검은곰팡이가 핀 마른가지들이 침대에 누워
할딱이며 물기를 축인다

간신히 빨대에 꽂혀 홀짝거리는 물기
맛은 없어도 약처럼 꾸준히 퍼 넣는
저 숟가락에 흔들리는 명命이 달렸다

하늘을 향해 수직으로 서지 못하면
땅을 보고 굽혀서라도 서라, 주저앉으면 다시는
일어서지 못한다 버티면 사는 것, 아직
목마르면 살아 있다는 증거

숲속에 아득하게 홀로 누워있는 마른 통나무에
허옇게 버섯 꽃이라도 피면 너는
살아있는 것

이른 봄 피어난 설화처럼 계절을 뛰어넘는
극한의 전설을 보라

누워서라도 끝끝내 기다리면
봄꽃은 피고 말 것을

언제든 물 오르면 봄으로 돌아 사는 것
다시, 설화처럼 계절을 넘어, 꽃은
언제나 피고 지는 것

촌각寸刻

사십 중반쯤 되는 사내가 침대에 누워 운다
훌쩍훌쩍, 한없이 훌쩍 인다
새카맣게 그을린 노파를 붙잡고
엄마를 찾으며

나 어떡해~
어떡해 ~~~~~~ 나 죽는데
엄마 어떡해 ~
나 죽기 싫어~

어쩌다 뒤늦게 말기 암이라는 말 한마디에
사십 중반 사내가 철없이 운다
폭삭 늙은 엄마 앞에서
소란스럽다

그 나이에 죽게 됐다고
힘없는 세상 끄트머리 한쪽을 붙잡고 처절하게
살려 달라 애원하는 철없는 아들에
늙은 어미는 말이 없다

모두 다 소용없다는 이 순간
낳아 준 어미에게 또, 살려달라고

안간힘으로 애걸이니

아들 손을 잡고는
"내 죽지 못해 한이다"

날리는 꽃잎에 부음을 듣다

하얗게 꽃잎 날리는 이른 아침
젊은 부음 소식을 듣네

손孫 없는 집에 들어와 손孫은 잇지 못하고
지금껏 빈 밥그릇 투쟁으로 날이 새버린 그가

지금껏 들고 있던 세상살이가 그토록 무거운 줄은
밥그릇 던지고야 알았네

종합병원이라던 그의 어머니 병원비를
가랑잎같은 막노동 품삯으로

이리저리 가로 막아 넘기다 지쳐 나자빠질 즈음에야
겨우 그의 발을 놓아 주었다지

세상 후미진 공사판 골목을 전전하며 지친 발그림자 끌며
하염없이 머릴 조아렸을 그가

어머니 보내고 한 돌 만에 줄 하나 목에 걸고
세상에 맞섰을 때

세상은 총칼보다도

빈 밥그릇이 더 무섭다는 걸 알고는

캄캄한 절망의 벽 앞에서 얼마나
통탄했을까

아득하게 뛰어내리는 그에게
밥 한 그릇, 소주 한 잔이 약이 된다는 것을
왜, 우린 더디 알게 되는 것일까

다, 없는 거여

폭설 내리는 이른 아침
긴 하품에 무거운 머리를 홰홰 두르며
직원숙소에서 나오는 김씨

어젯밤에도 한 잔 하셨나 봐요?

- 하, 까짓 거 몇 잔하다보니, 다섯 병을 해치웠네 허허허-

그러다 건강 나빠지시면 어쩌려구요

- 까짓 거 죽기 밖에 더 할라구 아직
  간땡이는 튼튼혀

건강하게 오래 사셔야지요

- 오래 살믄 뭐해, 어차피 이젠 다됐어

열심히 챙기셔야 조상도 돌보시고…

- 흐흐 귀신, 그거 인간이 만든 거 아니유
  신이든 귀신이든 뭐가 있단 말이여
  다, 없는 거여

이렇게 먹다 죽는거여 허허허-

뒤돌아 가는 부처 어깨위로
햇살 여여하다

단단한 그림자

바짝 들린 뾰족 귀 때문에 무섭고 두려웠던 큰 삼촌이
급히 서울 병원으로 오던 날
이미 서늘해진 심장은 落花를 기다리는데
태연스레 '고쳐서 내려가야지'

그러나 이미 냉엄한 칼날은 떨어지고
그 순간에도 놓지 못하던 당신의 든든한 그림자는
결국, '사는 것이 먹고 살면 되는 줄 알았다' 는 독백에
방문이 흔들렸습니다

준비 없이
너무 빨리 와버린 그 시간이
혼미할 뿐이었습니다

단단한 당신의 그림자가 침대로 가라앉던 날
초롱같이 또렷한 목소리로
'먼저 가겠다 끝까지 지켜줘 고맙다'
마른 얼굴, 시퍼런 눈은 펄펄 끓는 용광로 같았습니다

그 무섭고 단단한 그림자를 놓기까지
백여 일이 걸렸습니다,
그림자 지고
두 시간 만에 하얀 그릇에 담겨 나온 새하얀 그늘이
아직도 뜨겁고 단단합니다

들꽃

길 건너 정류장에
아침 햇살이 얼굴에 닿아도 배경처럼
잿빛 수련의 저, 꽃

망각의 끝에 서서 –

어느 여름 날
좀체 일어설 줄 모르는
쓸쓸함이 넘어오는 프라스틱 의자에 비스듬히 기대어
풀내음 섞인 과일쥬스로 겨우 목을 축이며
할딱이던 시커먼 얼굴의 남자

서로, 뜨겁게 닿지 않았다

병원엘 가야죠?
'가긴 갈 거예요
딸애도 가자고 하고, 여기 검사한 거 보고'–

비설거지 미루 듯
둘 다 미적거리던 그녀와 머리 깎은 그 남자
힘없이 풀린 그 희미한 눈동자가
툭, 던지 듯 번져온다

바람이 펄렁, 인다

뜨거운 발

터벅이는 발이 나란히 오르는
골목 안 가득 허덕허덕 숨소리 가득하게
언덕을 오른다

두 발의 바퀴가 겨우 돌고 구르는 바퀴에 끌려가는
낡은 유모차 뒷다리가 뜨겁게 몸을 끌며
언덕을 오른다

때마침 좁은 골목길에 쏟아져 내려오는
육중한 트럭에
발들이 분주해진다

힘겨운 발 무게를 겨우 이기고
몸이 습관대로
삐걱, 옆으로 민다

힘겹게 넘겨 디디는 발걸음보다
죽지 못해 몸을 뉘어 비켜서는 짓이 치욕처럼 끓어오르는
낡고 무거운 나무 발

두 발 두고, 네 발 더 붙여 기어오르는 언덕길 따라
뜨거운 발이 오르다가 골목길 빠져나갈 쯤

겨우 멈추고 숨을 몰아쉰다

이 언덕이 끝나면
골목 가득하던 숨소리도 멎을 것이다

골목이 한참, 홀쭉해졌다

삼베를 끊다

어머니 수의로 준비한 삼베를 끊어와
두 겹 겹쳐 휘감아 자리 펴니
딱, 유택幽宅이다

깔깔하고 출렁이는 모시삼베 너머
아스라이 보이는 저쪽
망이 듬성하다

베 깐 바닥에 누우니
틈 벌어 땀나는 몸에
쪽 바람이 든다

병 깊어 캄캄할 적에 잠시 머물었던 어둑한 집
허방처럼 헛디딘 그 바닥이
칠성판에 누운 것처럼
등이 편안하다

강 건너 멀리 높지도 낮지도 않은
그 언덕을 넘어가는 악몽은 왜
또 발을 달고 오는지

갈래갈래 길 끊긴 어머니 가는 길은

윤달이 오기 전에는
유보다, 유보

소음을 받다

들리되, 들리지 않는다
조용할수록 뚜렷한 귀뚜라미 울음소리
귀뚜라미는 시끄럽지만, 시끄러울 땐 들리지 않는다
그는 상대 음감을 가졌다

절대 고요에서 들리는 또 하나의 소음
고요는 차라리 살인자다
끊임없이 지르는 귀뚜라미 소리처럼
비는 계속 내린다

빗길을 타고 주춤거리는 시간에
들리는 것도
들리지 못하는 것도
고요한 잡음이다

햇살 창창한 날 익숙한 시달림에 젖어
귀뚜라미도, 빗소리도, 바람소리도
지천명에 한아름 받아든다

항시 들려오는 잡음을 떠나는 것들이여
잡음이 있을 때 고요를 찾아가는 것들이여

이제 무엇에 몰입해야 할까

습속의 시간

들숨과 날숨이 겨우
들락거리는 중환자실 한 귀퉁이에 중환자들이
할딱이며 숨을 몰아쉰다

시간이 쾌유를 주리라 믿으며
고통도 외로움도 면역 억제제처럼 피안의 간극을
밀고 당기며 버틴다

죽음도 일상처럼 자주 보면 익힐 사이도 없이
화면 바뀌듯 침대칸이 비워질 때마다
침대 사이가 강처럼 넓어 보인다

지금은 바닥, 그 아래
기다림만이 유일한 수호신이다
주사 앰플을 따는 시간너머로 들락거리는 틈을 본다

끝까지 기다리지 못해
털고 일어났던 청춘의 기다림은 아니다, 끝내
털고 일어날 기적의 한 칸을 기다린다

삶도 죽음도 넉넉하게 용인되는
중환자실의 침대와 침대 사이
푸른 강이 흐른다

어제 간 친구에게

티비에선 조영남이 나와
철없이 흔들며
딜라일라Delilah를 신나게 부르는데

들리느냐 친구야
웅장하게 내뿜는 나팔소리가
닿지 않는 그 차이가
저 강 너머냐

죽은 날에 불러 달라는 모란동백을
죽지도 않은 조영남이 부르는데
봄바람처럼 가볍구나

먼저 간 친구야
호들갑스런 이 노랫소리가 들리느냐
흥겨운 리듬이 주는 감미로운 목소리가
거긴 들리지 않느냐

오- 나의 딜라일라
애타는 이 가슴 달랠 길 없어
그댄 내 여인 날 두고 누구와 사랑을 속삭이나
오- 나의 딜라일라

4부

헛수고

그를 만나고 온 내내
잠을 설치며 보낸 며칠은
불면의 하얀 밤이다

통로通路를 달라는 암묵暗默에
폐지敷地를 더 달라는
조건이 덧붙여졌다

암시暗示다, 끝내

씩씩거리는 소음으로 "한 성질한다"며
길을 막을 것이란 뜻이니 답답하다
그것도 성직자聖職者라는 사람의 한 성질이라니

성직자랑 싸우면 하느님께 벌 받을까 걱정하다가
오죽하면 성직자가 성질을 냈을까 생각하다가
별수 없는 인간 목자牧者의 도량을 짚어보다가
얻을 것과 잃어버릴 것에 대해서 무의미한 손을
내밀 수 있는 사람이 성직자라는 순진한 생각이 깨지는 순간
머리가 서늘해진다

바닥 편지를 한 장 쓸까하다가

군말이라 생각하고, 전화를 할까하다
쓸데없는 헛수고라 생각하며
그냥, 기다리기로 했다

아니, 그냥 놔두기로 했다

그의 신이 응답할 것이기에

낙화

봄철, 경안천* 개울가에서 작업이 한창이다

한껏 펴 올린 바가지에서 주르르 흘러내리는 낙숫물
강모래 한 움큼 쥔 손이 스르르 무너져 내린다
다행이다 그 아래

손에 꽉, 쥐어 입을 닫아도
주르르 흘러 제자리로 돌아가는 모래알
다행이다, 그 소멸

악력을 벗어 한 줌도 안 되는 물모래로
한 움큼 집 지으니
다행이다, 그 아래 집 한 채

* 용인부터 한강까지 흐르는 개천 명.

백내장 수술

안개로 동공이 가득 뒤덮이는
기막힌 여름 날
하기휴가를 병원으로 간다

볼 것, 못 볼 것 모두 본 죄인지
안개 필터 렌즈가 덧씌운 것처럼
뿌옇게 덧칠되는 암담한 시야가 차라리 다행이다

볼펜 자루를 위아래, 좌우로 흔들며
그간의 죄과를 묻듯이 내 눈동자를 살핀다
‘거짓말 할 생각은 조금도 하지도 마라’
고성능 투시경을 바짝 붙여 놓고는
네 죄를 모두 알고 있다는 듯이 묻고 또, 묻는 그녀에게
주먹을 던질 뻔 했다

내 지난 과거를 알 리 없는 저 간호사 앞에서
지은 죄 없이 나는 왜 뜨끔해 지는지
내 눈에 흙 들어 갈 때까지는 절대 안 된다는
부질없는 신념은 꺾이지 말자, 그러나
묻는 대로 고분하다

개안의 길은 고작 5분

죄과를 씻는 고해성사 치곤 너무 짧아서
우리의 사랑이 안개길이라며 떠나간 내 사랑도
이 개안의 길처럼 다시 돌아 올 순 없을까

백담사에서

오세암으로
봉정암으로
부처님 만나러 이고 진
산행 길이 붐빈다

늙수레한 불자들이
각자 제 이름표를 달고는 백담사를 지나
더 높은 절을 찾아 가는 좁은 언덕길
숨이 가슴에 턱, 닿는다

어디가나 부처는 하나인데
산중의 깊은 절을 찾아 낡은 몸 이끌고
산을 오르는 안간힘들

길 떠난 이들이 가는 곳은 적멸寂滅, 그곳뿐인데
산길 오르는 동안 가쁜 숨 참으면
까르륵, 벌써
도에 닿은 경지다

곁에 부처를 두고 깊어가는 산중을 따라
그대들 어디를 가시나
가나오나 그 일인데 생각하니
그것도 욕심이다. 욕심

봄 날

삼월 중순
또, 비 내리고
바람이 불면 꽃은 언제 오려고

기다리는 봄-
오기는 힘들어도
곳곳 내밀하게 품고 있다가
속살 찢으며 사방서 잎 트고 꽃잎 터져 오는 날

그 함성, 얼마나 시끄러우랴

그 향기, 얼마나 멀리 퍼지랴

센서등

후텁지근한 장마철
아파트 문 굳게 잠그고 거실에 누운 한밤중
현관이 갑자기 환하다

등 아래 누군가 서면 켜지는 센서등인데
소리도 없이 등 아래 서 있는 이
대체 누굴까

오싹 솟아오른 돌기를 세우며 천천히
고개를 살, 짝 돌리니
텅 빈 덧문이 크게 보인다

누군가 있다
누군가 저 벽 뒤에 숨어있다
누군가
알 수 없는 적의를 가지고 침입한 자가
저 너머에 있다

일어날 것인가, 말 것인가
들고 맞설 몽둥이의 출처를 찾는 머릿속엔
활짝 열린 방안에 혼절한 듯 잠든
식구들이 먼저 들어온다

>

소리도 없이 등 뒤에 서서
불 꺼지면 쏜살같이 달려들어 휘두를 엄청난 비극을
어찌할 것인가
생각할수록 견고해지는 밤

순간, 환하게 날아드는
나방 한 마리

대청봉 편지

올 대청봉 소식은 낡은 대문이 열리는 것처럼 요란하게 빗장이 열리네 경포에 빛 들어 푸르다는 걸걸한 목소리 이곳까지 넘쳐흐르네 자다 깨면 경포 바다가 한눈에 보인다는 그의 진우아파트에서 단숨에 뛰어내려 후 후- 소주병 바람소릴 내며 솔밭길을 달리네 끊임없이 밀려오는 파도처럼 그의 입가엔 북적북적 허연 거품이 뿜어 나오네

달빛 내리는 경포호수를 신나게 달리네 어둠이 내리는 호수위에 달빛보다 번쩍거리는 호박 나이트 네온 빛이 더 화끈거리네 등허리엔 물이 줄줄 흐르고 땀나는 머릿속엔 킥킥킥, 낄낄낄 장미꽃이 만발하네 확- 오르는 열기로 하나, 둘 벗고 달리네 빙글 빙글 돌아 호숫가는 이미 축제처럼 열기로 흥청이네

나는 수평선처럼 꽉 다물고, 그는 쉴 새 없이 하얀 모래를 파도 속으로 뱉어버리네

그렇게 봄날이 가네

골고다 언덕 위

쉴 새 없이 통증이 달리던 언덕 밭
오늘 밤 보니
십자가 환하게 떠있습니다

여린뼈 삭아 내려 마침내 견디다 못해
뼈하나 주워 무릎 한 쪽 꿰맞추러 올라오신 어머니 어깨엔
또 다른 뼛조각들이 융기처럼 돋아 도깨비 방망이 하나 앉아 있습니다
거친 이랑에서 호미질 순간마다 어깨뼈에선 비명을 지르고 있었으니
그간에 노동은 구도의 시간이 아닙니까

저 언덕 위에서 골병들어 부스러진 뼛조각이
살을 깎아 먹는 역모처럼 틈틈 깨알이 굴러들어 와
움직일 때마다 비명이 함께 꿈틀했으니
어머님은 어디쯤 생각했을까요

깃털도 들지 못하는 오른팔을 보며 이제
밥숟가락에서 추방당하는 순간을 어찌 받아들였는지
골고다 언덕위에서 목 축이는 간절한 기도는
언제부터 시작했을까요

>

구멍 숭숭 뼈마디가 주저앉는 것이 아니라면
어머님의 어깨뼈 수술은 다시 밥숟가락을 들 수 있는
부활입니다

언덕위엔 부활의 십자가 뚜렷합니다

스피커

가던 길 멈추고 버려진
기다란 스피커 두 개를 보곤
울림통 안팎으로 무성의 진동이
눈에 박히네

수많은 언어를 쉴 새 없이 뱉어내고는
소음의 죄를 물어 입 닫는 형벌로 폐기된
대변代辯한 사연이 너무 궁금해 열기 오르는
건넛방 베란다에 옮겨 놓았는데

비바람 몰아치던 날 밤
썩은 내가 진동하는 뉴스가 화면 가득일 때
끊이지 않고 들려오는
긴 피리소리

온갖 세상의 잡음도
복음도 한 움큼 들려 줄 것 같던 소리통이
귀를 씻듯 청아한 피리소리 울리니
가슴마저 시원하다

풍로를 따라 진동판을 두드린 것은
잡음도 휘몰아치는 돌풍도 아닌

훈풍이었는데

두드리면 울어야 하는
숙명적인 스피커의 운명을 바라보며
우리도 이처럼 두드리면 울어야했던
굴욕의 지난날도 여럿 있었으니

스스로 부르는 노랫소리가 아니라면
바람소리라도 울리지 말아라
봄 꽃잎 흩날리며 답답한 철조망 걷어내는
복음이나 들려다오

5부

가죽 벨트

몸뚱이를 가죽 끈으로 졸라매고 묶어
땀이 배어든 뱃가죽을 묶어 억압처럼 갑갑하고 외로웠을
가죽 띠 하나

둥근 아랫배를 휘감고 돌아가며 몸부림쳤을 안간힘이
느슨한 구멍으로 빠져나가
개 가죽같이 못에 걸려 있다

뻣뻣하게 굳어 휘어져 견고해진 링 안과 밖을 경계로
안으로 굳어진 가죽 허리띠엔
바짝 죄여진 노동의 고통이 거뭇하게 박혀있다

뚜렷하게 점점 안으로 길게 늘어난 구멍은
뜨거운 노동의 강도로 낡아진 체중 감소의 증거
점차 늙고 삭아든 간절한 흔적이다

아직도 궁금한 것은
올가미 같은 저 둥근 원에서 빠져 나간 낡은 몸은
그 안간힘을 어떻게 빠져나왔을까
발은 남아 있을까

안간힘으로 발버둥으로 헐렁해진

저 우화는 누구의 날개였을까, 이제
사슬을 벗고 나비처럼 훨훨 날아올랐을까

휘어져 마른 아버지가 아프다

고추 말리기

서리 맞으면 얼어버린다고
설익은 늦 고추를 비료 부대에 따서 마당 곳곳에 널어놓으니
집 주위가 불콰하다

더러는 찢기고 터져 물 튀기고 물컹이며
희나리가 허옇게 배어나는 고추들을 가위로 오려 내기도 하고
튼 살을 걷어 말린다

설익은 속내가 바싹 말라 부서질 때까지
속에서 매운 향내가 풀썩, 날 때까지
뼈와 살을 발려 밀랍처럼 바삭 말리는
구도의 시간

말라 쭈그러져 갈수록
아픈 무릎 관절은 더 끌리고
설익은 고추까지 포기할 수 없었던 집념은
어머니 키만큼 맵다

메케하고 후덥지근한 비닐하우스 속에서
미끈한 고추보다 때때로 더 뒤집어 말려 쭈그러진 고추를
가지런히 쓸어 담는 까만 얼굴의 어머니

>

어머니,
어머니가 낳은 작은 고추도
이젠
벌겋게 익었습니다

이젠,-

그날

어둑한 저녁 그날
무겁게 내리 닥치던 육중한 트럭의 브레이크는 이미 터져버려
비켜있던 빈 트럭이 까맣게 하늘로 떠올라
숨을 멈췄다

속도를 넘어 질주하는 트럭은 이미
운명을 벗어난 광기의 폭주暴走였는데
터진 브레이크처럼 멈추지 못하고 죽음을 넘어 버린, 너는
아직도 살아있다

함바 식당에서 밥을 짓던 그의 여인은
끝내, 울지도 못하고 혼절해버린 그날처럼
김 서린 함바 식당 어두운 구석에서
푹 숙이고 김치국을 퍼마시는 저 사람

아직도 살아 오물거리며 뜨거운 국물을 마시는
저 입술이 열렸다 닫히고, 퍼 넣는 구멍 속으로
날카로운 비명이 들린다

너를 기다린 그를
강간처럼 덮쳐버렸으니, 너는

강간 살인범이다

고백도 시기가 따로 있는 것이니
기회는 더러운 삶이라도 남아 있을 때
이제, 너의 길이 분명해졌다

컨베이어

줄기찬 속성은 모래알 떨어지기 무섭게
곧바로 되받아 줄지어 빠져 나가고 기어 들어간다

컴컴한 구멍 속을 들락거리며 지루한 반복과 회전으로
비틀거리는 현기증 속에 착취의 역사가 숨어 있다

번질거리는 벤츠가 황금빛 호텔 문고리를 스쳐갈 때도
시뻘겋게 달아오른 눈은 밤새 컨베이어를 타고 지구를 돈다

이른 새벽부터 끝도 없이 달려가는 혹한의 새벽
저 자본의 속도는 차가운 죽음의 젯밥이 되어서야 멈출까

희뿌옇게 동트는 새벽의 야윈 어둠에 매달린 밧줄의 끝
밤새 졸음을 견딘 컴컴한 사신死神도 덩달아 넘어오고 있다

구옥을 헐다

구옥을 헐기 전에 막걸리를 한 잔 부어 놓고는
한 사내가 만고풍산을 함께 겪어온
헌집에 절을 한다

굴삭기 집게를 들이대자 아무 저항도 없이
과자 부서지듯 바삭거리는 오래된 집
풀썩이는 먼지들이 재잘거리는 소리와 함께
우르르 주저앉는다

터 잡고 살아보겠다고 들어선 천감天甘*의 땅에
한 사내가 새끼들 감싸 안고 보따리를 풀었을 때
사방에서 이리떼같이 으르렁거리던
서늘한 눈빛을 잊지 못한다

무적의 포크레인 앞에서 맥없이 굴복하는 옛것들
넘어지고 부러져 안채만이 덩그러니 남았다
부서지려고 기다리는 안채에서, 아직도
재잘 재잘 소리 들린다

흔들거리는 늙은 남자처럼
우르르 무너지는 서까래를 집어 던진다
무겁게 버티던 휘어진 기둥이 다리를 뻗는다

>

피난 짐 같은 보따리를 새집으로 들이기 전에
요강단지보다 팥죽을 쒀서
구수한 냄새를 먼저 슬쩍 들이 민다

* 天甘 : 우물이 달다는 홍천지역의 한 지명.

까마귀

새벽이 뿌연 안개위에 나신으로 떠있는 아침
채석장 절벽 위를 스윙하는 검은 날개로
산 그림자 어둡다

오늘도 빵을 위해 산위를 맴도는 검은 까마귀야
푸르르 검은 날개 짓하는 바로 그 자리가
속절없이 추락하는 절벽의 끝이다

까마귀야, 너도
이 절벽을 떠나
신성한 하얀 새가 되고 싶지 않니

배고픈 까마귀야, 가까이 좀 더 가까이
빵조각이 까맣게 내리는 날
낡은 작업화도 버렸다지

빵도 필요 없는 까만 절벽 아래는
이제 평온해
아득하게 잦아드는 숨소리조차 고요해

마지막 소원은 무엇인지 듣고 싶지 않니
음지에서 뚝뚝 떨어지는 노동자의 비애가 무엇인지

너는 알고 싶지 않니

날개 빛으로 더 어두운 산위의 까마귀야
날 수 없어 터지고 깨지는 비극이 사는 절벽의 아침을
이젠 너도 아니

견고한 끈

그 끝에 서서
밥그릇에 원망도 절망도 할 수 없이 끌려가는
해방되지 못한 노예의 삶이 벼랑 끝
21세기 그늘에 살지

노동자가 사는 곳이란 언제나 절벽 끝
아슬아슬한 죽음이 닻을 내리지
또 다시 새벽이 오면 '또 살았구나' 채석장을 나서지만
결코 변하지 않는 단단한 바위 돌처럼
질기고 견고한 끈은 언제나 조이고 있지

벼랑 끝에서 뒤돌아설 수 없는 밥그릇에 묶여
돌아 설 수도 없이 밀려가고 끌려가는
지친 노예의 무리들

매일 돌가루 먹고 마시며 사는 메캐한 절벽 앞에서
어찌하나, 어쩔거나, 너도 나도 망설임 없이
분노의 끝으로 달려가 활활 분신焚身하고 싶은
채석장의 끝에 살지

이십여 년을 허기진 밥그릇에 줄기차게 매달려도
자본의 단단한 절벽은 나날이 높아져

가을 하늘처럼 높아만 가지

아직도 그 견고한 끈은 풀리지 않았지

돌을 뜯어먹다

열꽃 확, 터진 것처럼
돌산에 오르는 열기는 열사熱砂의 사막같이
가도 끝없는 무사武士의 숙명처럼
시원을 폭파 해체하여 산채로 서로 뜯어먹고 마시는
먼지 꽃이 풀썩 피는 곳

꽃이 핀다
침묵의 꽃이 핀다
영원을 헤집어 껍질부터 내장까지 발기발기 찢어
아침을 먹고 또, 내일을 먹는다

네가 뜨거워지면 나도 같이 뜨거워져
견딜 수 없는 열기는 우리를 순식간에 달아오르게 한다
아, 너를 어쩔 셈이냐 또
너를 죽여 사는 나를
어쩔 것이냐

뜨거운 여름날에도 잠을 말리는
야간작업夜間作業의 열기로 나는
또, 잠이 든다
더운 잠이

미선이

미선이를 만나러 가는 날
열 살이라는 미선이는 나이에 비해 눈빛이 알싸하다
미선이보다 할 말이 많은 할머니
만나는 사람마다 끊임없이 뱉어내는 속사포 한 풀이는
해결해 줄 수도 없는 이에게까지 가슴을 치며 억울하고
또, 억울하다는데

홀연히 사라졌다가 어린 식구 하나 덧붙여 들어온 딸을
부아가 나 못 키워 주겠다고 되돌려 보냈더니
저도 살려고 내 던졌던 다섯 살 아이가
동네 늙수레한 수캐들에게 밥이 되고 죽이 되어
만신창이가 되어버렸다고

벌겋게 달아오른 가슴을 삭히며 뺏어오니
눈치를 슬슬 보며 '할머니도 거기 빨아줘?'하니
'아이고! 미치고 환장하겠다'고 펄펄 뛰는 할머니보다
듣는 내가 더 팔짝 뛰겠다

오늘도 하루 사는 날이겠지만
이 날은 나도
머리 처박아 죽고 싶다

정초 유감

개울 건너 빤히 건너보이는 산밑
오소소 한기 드는 산밑 한가한 공원
유택인 줄 이제야 알았다

신년을 맞아 사십 부부와 어린아이 하나가
앞뒤 콱 막힌 산밑을 보고 또,
보다가 여지도 없이
앞길이 꽉 막혀 먼 길을 떠났는데

물 얼어 습기 없는 공원에 연탄 몇 장 들고 와서는
생각하고 또, 생각하고 밤새 생각하고
고민해낸 생각이
죽기로 마음을 굳혔다

생각해보니
산이 훤히 트였더라면
답답한 마음이 앞을 막기야 했겠나 생각하니
또, 기가 막힌다

죽기보다 살기가 낫지, 생각하다가도
오죽하면 죽었겠나 생각이 들다가, 그래도
저나 혼자 죽지

그런 안타까운 생각이 든다

정초부터
기껏, 맘먹고 덧없이 가버린 그 사람들
정초나 지나 따듯한 봄에나 생각해볼 일이지
대뜸 칼을 물다니, 참으로

어느 무더운 여름 날

수십 년을 하루같이
노예처럼 목숨 걸고 졸부猝富로 쌓아줘도
빈 밥그릇 들고 서있는 노동자를 향해
오히려 온갖 비난과 저주로 날이 지고 새는데

탐욕이 진동할수록 노동자들의 목숨은
풀씨처럼 가벼워져 벼랑 끝으로 풀풀 날리고, 그래도
입만 열면 교활하고 오만한 욕설을 퍼붓고 살아가니
그 입술 독으로 시퍼렇더라

노동자만 보면 왜인지 모를 불만을
노예의 노동자는 불안과 불만이 뒤섞인 혼선의 작업장이
삐걱이며 굴러가는 21세기 노동현장에서

끊임없이 끓어오르는 노욕이 절정을 달해
질주하며, 고대하고, 갈망하는
어느 무더운 여름 날

습관적으로 뱉어버린 독설 중
그 한마디를 되돌려주자
즉사해버렸다

지는 꽃

들에 꽃이 피는가
어느 돌담 곁에 장미 한 송이 피는가
어여쁘구나

수고했다

꽃 한 송이 피는 동안
얼마나 많은 수고로움이 있었느냐
얼마나 많은 햇빛과 바람이 쓰다듬었느냐

찬란한 꽃 한 송이
그것만으로 세상의 아름다운 뜻으로
넘치는구나

국화 향 퍼지는 저물녘, 이제
꽃 한 송이 허물어지는가
수고했다
수고했다

그간 수고했다

꽃 지고 나니

온 누리에
향기 자욱하구나

6부

한 20년

사람이 무엇인가에 몰두해서
한 10여년을 쏟아 부으면 어느 산위에
깃대 하나 꽂을 수 있지 않을까

사람이 누군가를 그리워해서
한 10여 년쯤을 갈망하고 있다면
그 사랑 되찾을 수 있지 않을까

김수영 시인과 살았던 김현경 여사가
닭을 치며 10여 년 뒷바라지로 빚지고 떠나며
"사람에게 한 십년 투자했으면…" 후회했다는데

한 삼천육백오십일 같은 길을 가고 있다면
성실한 것인가?
우둔한 것인가?

칠천삼백일을 무엇인가 몰두했다면
그 쪽 길이 너무나 환해서 지금쯤
차고 넘쳐 하늘에 닿지 않을까

사람이 정신 팔려서 평생 어느 한 길을 길게 걸었다면
비석같이 단단한 이 땅위에 이름 하나 남기는

간절한 소원 하나쯤 생기지 않겠나하는 생각에

아찔하다

순이

팔랑이며 말갛게 피어난 나팔꽃처럼
자전거를 타고 오르내리는
머릿결이 반짝였다

늦은 밤까지 서투른 청춘에 대해
진지하게 물어오던 것은
손을 내민 것이었는데

꽃잎 수없이 피고 진 봄날
하얀 박꽃으로 피어난 꽃잎이
바람처럼 떨었다

계절풍처럼 불어 온 꽃잎속에 적힌
봄꽃 입김은 아직도 식지 않은
그대로 인데

시간에 물들지도 않고
색 바래지도 않고 불변으로 남은 채
노란 가을이 남았다고

아직, 가을이 남아있다고 -

>

지고 없는 그림자 속에
저릿한 개망초라도 다시 피려나
그 꽃에 환장하는데
잔상에 매달려

소양강가에서

붉은 저녁에 달려가 희뿌연 여명에 돌아왔다

축축한 강가에 닿으면 붉은 눈동자는 한없이 따듯했다 때때로

소양강의 번들거리는 불빛이 침대가 되었고

그때마다 호수에 누워 열기를 식혔다

뿌연 강은 끝까지 보이지 않아

건널 수 없을 만큼, 깊고 넓어 내일로 건널 수 없었다

안개 자욱이 내리면 무거워 일어나지 못하고

강물이 흐르는 쪽으로 넘어졌다

새벽 강가는 매번 젖었다

강물 따라 서쪽으로 길게 미끄러져 돌아올 수 없도록

질펀하게 넘어졌으면 했지만, 돌아오는 길은 갈피를 잡지

못하고

뒷덜미가 묵직했다

강물은 점점 늙어갔고 오해처럼 봄은 오지 않았다

여름이 되면, 붉은 해처럼 달려오는 표정表情이 변하지도 않고

영- 순하지 않지만 독한 몸살을 앓았다

강가를 떠날 때면

쑥국새처럼 울었다

저 꽃이 질 때까지

어스름한 저녁 시골길에
길 한가운데서 머뭇거리는 들꽃 한 송이
길을 막은 게 아니라 발이 박혀 가지 못한다

저,
꽃 한 송이 피는 동안
저,
꽃이 지는 동안
나도,
저 꽃처럼
피고
진다

찬란한 만개滿開를 접고
향기 없는 들꽃이 되어
발이 묶인 그대

뜨거운 길 위에 멈춰 가지 못하는
저 들꽃을 보라
이젠
그도 나도 가지 못한다

저 꽃이 질 때까지

집짓기

길 위에 던져진 그림자 지고
또 다른 그림자가 세워질 때까지
적막은 혁명의 시간이다

해묵은 짐을 들어내다 버리기를 수십여 차례
사람을 품고 지내던 낡은 집이
동굴처럼 컴컴하게 비어간다

집을 짓는 일이란
새 길을 내는 것
옛 것과 간단하게 이별하는 것
낡은 길을 허물어야 새 길이 오는 것처럼

집을 짓는 데는 큰 돌이 필요한 것이 아니라
작은 돌이 더 필요하다
어우러져 틀을 잡고 작은 공간을 채워
터를 잡는다

이제야 기를 펴는 택지
번듯한 얼굴이 귀를 맞추고
귀에다 못을 박는다

>

무너져 내린 길 위에 작은 집 하나
푸른 마당 하나
마음의 지평선 하나 세운다

폭설에 대한 생각

칼처럼 비수를 날려버린 것은
큰 실수다

순식간에 베어버린 종잇장처럼
펄, 렁-
떨어져 나갔다
자국이 아슬하다

펑, 쏟아지는 폭설로
꽉 채워진 허공, 이미
수평선이 없다

그대가 없는
해변에 홀로 남아
쉼 없이 밀려오는 파도의 끝을 본다

어지럽다

기다리는 것이 아니라
돌아오지 않을 것이므로
기다리지 않는다

그렇게 하기로 했다

유완희柳完熙 시인

막막한 일제 강점기 시대 카프KAPF* 카프보다 더 카프다운 시로서
강점기 내내 수탈에 신음하는 조국을 위해
줄곳 항일의 글로 설파했던 용인 출신
적구赤駒 유완희 시인

비틀린 제국주의에 항거하는 식민지의 시인으로
펜을 들어 항일의 깃발을 들었던 그의 높은 민족기상이
뒤늦게나마 정신 차린 후학들의 노력으로
서서히 드러나고 있으니

거지, 여직공女職工, 민중民衆의 행렬行列, 오즉 전진前進하라!, 영오의 사英五의 死, 찰나刹那에 이어
가을, 단장斷腸, 춘영, 봄의 서울밤, 봄비, 가을, 바람의 서정성과
다시 맞는 이날, 잊지 못할 이날, 새해를 마즈며, 산상에 서서와 같이
그의 생각은 난국의 시대를 타고 넘었는데

골짜기에 묻혔던 그의 묘지를 산상山上으로 올려놓은 것만으로도
후손의 역할은 다했다 할 수도 있겠으나, 그 보다

조국애를 찾아 명확하게 드러낸 것이
송은松隱 선생은 더 흡족하실 지도 모른다

이제, 송은松隱을 어렵게 찾아 놓고 보니
그의 생가 송문리松門里 입구에 서있는
큰 소나무 잎이 반갑게 흔들린다

* 일제강점기에 활동했던 문학예술가 조직으로, KAPF란 명칭은 에스페란토어인 'Korea Artista Proletaria Federatio'(조선 프롤레타리아 예술가 동맹)의 머리글자를 딴 것이다.

공수도 1

왠지 허전하게 보이는
빈손으로 꽉, 차게
온 힘을 다해 순식간에 밀어내는 힘
공수空手

아무 막대기도 없이 맨손으로
주먹이나 발끝으로 차거나 지르거나
날아오는 공격을 막으며 제압하는 무술武을
공수도空手道라 한다는데

유가에 시중時中이라는 말처럼
때에 딱 들어맞게 하는
천시天時라는 말인데

얼마의 힘을 싣는 것일까
얼만큼의 균형을 말하는 것일까
얼마의 오차를 말하는 것일까

너를 위해

공수도 2

손과 발이 너를 향해 뻗어나갈 때
의미나 증오를 싣지 않는다 다만, 무의식이
발을 달고 길게 뻗어나갈 뿐이다

속도에 얹은 빈손이 날렵하게 뻗어나가다가
무섭게 텅, 하고 네 앞에
부서지듯 멈춘다

나아감과 멈춤의 극치極値*

나가고 멈추는 공기의 흐름이
순식간에 교차되는 일격필살一擊必殺의 절제미는
너의 턱에 닿기 직전에
완전히 멈추는 것

욕심을 버리고 극단적인 폭발이 순간에 멈추는
경이로운 촌지寸止의 품격
비수같이 내뻗는 빈손을 묶어내는
저 깊은 마음의 흐름이여

* 극한의 절대치.

공수도 4

어느 햇볕 쨍하고 내리 쬐는 하굣길
개울가에서 헛, 헛, 하는 기합소리에 언덕 아래를 내려다보니
개울 둑쌓기 공사를 하던 젊은 군인이 넓적한 돌멩이 하나를 들고는
그 단단함에 도전 하는 중이다
두드려도 메쳐도, 깨지지 않는 단단한 푸른 돌 하나를 들고는
온 세상과 씨름을 하는 중인데
어찌나 궁금하던지, 모두 신기한 듯
눈을 반짝이며 쳐다보노라니, 정말
몇 번을 내리치더니 무 토막 나듯 반쪽이 툭, 갈라졌다

모두
무료했던 오후였을까

신나게 관객을 둘러 모은
한 장사의 땡볕 전설은
이제야 풀어졌으니

해설

대지의 시, 그 틈에 돋아난 생명력

김선주 문학평론가

대지의 시, 그 틈에 돋아난 생명력

김선주 문학평론가

1.

시를 읽으며 새삼 대지의 시학을 떠올린다. 이미 생태환경을 언급한 이들이 많고, 생태복원을 위해 시와 평론, 소설 등의 장르로 작가적 기량을 마음껏 선보이던 이들의 흔적도 아직 남아있다. 그런데도 첨단문명의 기치 아래 자연이 훼손되고 극도로 파괴되는 현상이 목격된다. 세계도처에서 인명 살생, 자연의 재앙이란 죄의 대가를 톡톡히 치르고 있는 셈이다. 때로 개발은 곧 독재의 논리와 맥을 같이한다. 그것은 천민자본의 논리를 내세워 절대적 희생을 강요하고 있으며, 그릇된 원리를 참된 망루 위에 자리매김하고, 숱한 작가의 문학적·철학적 희생은 저항이란 대항마를 키울 수밖에 없도록 자극해 왔다.

함동수는 다양한 현대시의 범람 속에서 고독하게 대지의 역사성과 가치를 생태학적 측면에서 다루고 있다. 도시개발로 인해 자연이 파괴되고, 사람이 자연을 떠나 도심지로 몰려들고, 다시 자연을 찾아 회귀하는 습관적 행위가 반복된다. 세상은 점점 인성이 몰락하고, 신뢰가 희석되어 참된 삶의 가치를 잃고 허우적댄다. 이처럼 황량한 무법천지에서 한 그루 두 그루 대지에 뿌리를 두고 써 내려간 시편을 감상한다. 그는 문화의 황폐이론이 지배하는 이 시대에 생명의 숲, 사람이 마음 놓고 노닐다가 한 줌의 흙으로 돌아갈 대지를 염두에 두고 시를 쓴다. 향토적 분위기가 물씬 풍기는 가운데 그의 시 작법은 다분히 실존을 지향한다. 이는 장폴 사르트르가 일생 자신의 실존을 향한 질의에 바탕을 두고 "문학이란 무엇인가?"로 끊임없이 고민했던 부분과 연계된다.

함동수 시의 중심에는 은이隱里골이 있다. 그의 작품에는 유독 지명('은이 골', '골배마실', '광파리골', '묵리', '문수산', '백령도', '제암리', '처인성', '김포', '백담사', '대청봉', '소양강' 등)이 많이 거론된다. 그뿐만 아니라 작품 사이사이 대지가 대지를 잇는 문화, 전설, 전통, 풍경 등이 연결되어 서로 밀접한 토속적, 향토적 공동체를 지향하고 있음을 발견할 수 있다.

여기서 우리는 시인으로서 또는 독자로서 다시 한 번 스스로 질문을 던질 필요성을 느낀다. 정체성의 발견 없이 존재의 가치를 논하고 무엇을 기대한다는 건 불가능하다. 정체성 부재의 부담을 안고 던지는 질문은 곧 자신이 하는 일에 대한 개념의 정확한 재설정을 솔선수범해야 한다는 점에서 반드시 해답을 구하는 과제를 안게 되는 것이다. 문학이란 무엇인가? 라는 질문은 이미 문학 연구에 몸담아온 누구에게라도 핵심 질문일 수밖에 없다. 이 질문은 고대 플라톤과 아리스토텔레스 이래 서양 철학에서도 숱하게 제기되어 온 대표적 궁금증이다.

2.

은이隱里란

몸을 숨겨 지내는 동네이니
으슥한 산중이다
양지陽地에서 눈을 피해 산중으로 이십 여리 숨어들면
그쯤에 은이 마을이 있었는데

언제부터인가
은이隱里에 빛 들어 개활지 되고
숨어 지내던 사람들이 하나 둘 잡혀가
소식이 끊기는 사지死地로 스러져갔는데

성 안드레아가 떠난 지 보름 만에
절두산에서 비보가 들리니
그것이 처음이자 마지막이라

왕조의 시퍼런 칼날도 두려워하지 않고
순교의 혼 찾으러 떠난 교우들이 밤으로
밤으로만 그의 주검을 메고 온 캄캄한 길은
길지도 짧지도 않았는데

은이隱里에서 미리내까지 김대건의 유체를 메고
산길을 기어올라 넘었다는 삼덕三德고개 길의 전설은
미리내보다 빛나는 순교의 길이 가파르게 분부시다
—「은이隱里의 전설」의 전문

이 작품에서 두 가지의 사실을 발견하게 된다. 하나는 은이隱里란 마을이 지닌 심중의 그려진 한 지점이자 특별한 지형을 향한 궁금증 유발이고, 또 다른 하나는 시인의 내면에 자리한 신앙심 및 개인의 정체성으로 관심의 깊이를 표명하는 의욕과 연계된다.

이미 시인의 주석대로 은이 마을은 용인시 처인구 양지면에 있는 지명 중 하나다. 위의 작품을 읽으면서 또 다른 지명이 생각났다. 춘천행 열차를 타고 가다 보면 강촌이란 역이 나온다. 그 주변에 문배마을이란 산속의 한 마을을 다녀온 산행 경험이 생각났다. 그 산의 깊이가 얼마나 깊고 높았으면 6·25 때, 인민군들이 그 마을의 존재성을 전혀 알 수 없어 마을 사람들이 화근을 면했다는 전설이 있다. 이처럼 은이 마을 또한 문배마을처럼 깊고 험준해서 몸을 숨기기 좋은 으슥한 산중인 것 같다. 그 은이 마을의 산중을 향해서 당시의 가톨릭 신자들이 제 신앙을 지키며 살기를 다짐하고 떠났던 당시 일행의 참상을 한 편의 시로써 그려내고 있는 것을 본다. 그러나 결과는 순교로 이어진다.

여기서 시인이 무엇을 말하고 싶은지 가늠해 본다. 이미 시인은 그 답을 독자에게 친절하게 설명하고 있다. 그는 이 작품에서 함축적, 운율적, 낯설게 하기 등의 시적 기법을 버리고 스스로 서사적, 서술적 방법을 동원하여 좀 더 사실적으로 당시의 순교적 역사성을 드러낸다. 시인의 말에서 서술한 것처럼, 이번 시집을 통해서 묻혀있는 민족적 비극과 답답했던 역사적 사실을 양지로 이끄는 작업의 한 과정일 것이다. 이는 향토적 가치를 얼마나 소중하게 다루고 있는지, 그것이 오롯이 시적 가치 위에 놓여있음을 충분히 읽어낼 수 있다.

전자에 언급한 바와 같이 함동수의 이번 시집에 수록된 작품에는 지명이 여러 곳 등장한다. 뿐만 아니라 제목에 언급되지 않았어도 직·간접으로 지명과 관련된 혹은 얽힌 이야기들을 풀어내고 있다. 아래의 시 「골배마실에 가서」 역시 문학의 틀을 통해서 독자에게 마을 역사와 관련된 전설을 전하려는 의도가 다분하다. 그런데 여기서 시인이 말하고자 하는 바는 전자에 피력한 시 작품에서와는 달리 오늘날의 불편한 시인의 마음이 담겨 있다.

낡아 무너져 내리는 왕조에
시퍼런 목숨 걸고 할 만한 일이
사람 깨워 등불 하나 들었다던 그의 터엔
표지판마저 희미한데

지금은 남의 땅
번듯한 골프장 안에 초라한 삶의 흔적들
캄캄한 시대를 개벽처럼 열고자 했던
선지자의 자취는 간데없고

이젠, 제초제 뿌려대는 골프장이 들어서
득시글거리던 배암조차도
흔적이 없네
—「골배마실에 거서」 부분

어떤 문제를 놓고 접근하는 방식은 저마다의 형태로 시도하기 마련이다. 시인은 가톨릭 신앙을 배경으로 파생된 역사적 문제에 접근하면서 미래로 가는 시대의 디딤돌로서의 확장된 의식을 그려 넣고자 애쓴 흔적이 그의 작품 여러 곳에서 볼 수 있다. 그 정체성을 인식하고 현대의 발전 이데올로기에 맞서 때론 싸움도 불사한다. '뱀이 넘실넘실 나온다는 양지 뱀골' '은이 보다 더 깊고 으스스한 골짜기에'가 바로 그가 지명에 대한 숭고한 미적 가치를 품고 살아온 환경이다.

'낡아 무너져 내리는 왕조에' '시퍼런 목숨 걸고 할 만한 일이' '사람 깨워 등불 하나 들었다던 그의 터엔' '표지판마저 희미한데'를 저항의 표어처럼 제시하고 있다. 그런데 문제를 향한 시인의 불편한 마음이 바로 이 시의 4, 5연에서 나타난다.

무고한 백성의 순교 깨어있는 민족역사는 아랑곳하지 않고, 5연에서 드러나듯이 '이젠, 제초제 뿌려대는 골프장이 들어서' '득실거리던 배암 조차도' '흔적이 없네.' 이 구절에서 시인은 독자를 향해 생태환경에 대한 문제의식에 관심을 표명해 달라고 애원한다. 이 시대는 인간의 행복과는 전혀 다른 방향으로 키를 설정해 놓고 무작정 달려가자고 선동을 일삼는다. 명분이 발전이고 개발이지 사실 그 이면에는 인간이 먹고 살아가는 터전이요, 인간 양식의 공급처인 대지가 오염되고 파괴되는 현상을 낳게 하는 주범들이 득실거리고 있다는 일면을 고발하고 있다. 물론 그 행위로 인해 시인의 마음에 차고 흘러넘치는 불편을 호소한다.

시인은 위의 현상에 대하여 세상에 알리는 도구로 시편을 선택하고 있다. 특히 그의 신념이 신앙과 연관되어 표출되고 있다는 점에서 그 호소력은 더욱 큰 위력을 발휘한다.

검푸름처럼 짙은
숯 검댕이 골짜기
빛이 닿지 않는 어둑한 그늘엔
살 곳이 아니지

묵리墨里에 그늘이 많아
하필 묵墨은
어둑한 먹 묵이라지
깊은 골 묵리墨里는 그늘이자 빛이지

-중략-

묵리墨里엔
푸른빛의 큰 그늘이 머무르고 있지
그늘 깊은 절망의 끝에
빛나는 흰 강이 흐르지
—「먹 그늘」 부분

위 작품은 이 전에 쓴 장 시「묵리墨里」의 결론이라고 할 수 있다. 또한, 이 작품의 백미는 마지막 6연에서 찾을 수 있겠다. 모두가 그림자 투성이다. 즉 어둠 투성이란 것이다. 광명光明이라고는 찾아볼 수도 없는 오직 슬픔과 아픔과 죽음의 덩어리들이 주변에 널려있거나 굴러다녀 희망이라곤 좀처럼 발견할 수 없는 시대 상황임에도 불구하고, 시인은 자신이 섬기고 있는 신앙의 빛에 오롯이 기대고 싶어 하는 눈치다.

'묵리墨里엔' '푸른빛의 큰 그늘이 머무르고 있지', '그늘 깊은 절망의 끝에' '빛나는 흰 강이 흐르지'에서처럼 드디어 시인은 묵리墨里에서 밝음으로 통하는 의식의 눈을 뜨기 시작한다. 아니 발견의 기쁨을 경험하게 된다. 지금까지의 작품에서는 이와 같이 밝음의 빛, '푸른빛', '흰 강'을 찾아 볼 수가 없었다. 드디어 이 시에서 '종교적 그늘', '깊은 절망'이 이젠 푸르게 자랄 희망의 날빛이 서서히 먹 그늘을 밀어내고 있는 것이다. 이는 바로 시인을 비롯해 우리 민족의 미래를 이곳으로부터 새롭게 발원해야 할 성지라고 보는 시각이 지배하기 때문이다. 또한 이웃과 자신의 남은 생애를 어떻게 살아내야 할 것인가에 대한 기대이며, 그 행보를 독자들에게 보여주고 있는 것과도 상통한다. 시는 어둠 한가운데서도 빛을, 아득하기만 한 수평선이나 지평선에서도 푯대를 향하여 나가게 하는 영혼의 엔

진 가동인 것이다. 또한 시인은 그 힘을 자신을 지탱해주는 시를 이곳 죽음의 성지에서 발견하고자 한다. 그래서 시인은 돈되지 않는 시를 잉태하고 밤새워 고뇌의 숲을 만들고 또 불 놓아 헐고 또 그 대지 위에서 한 그루, 두 그루 시의 묘목을 모종하는 것이다.

이런 힘, 의지, 희생하는 이들이 있기에 그나마 다행스럽게도 갇힌 자들이 자유를 향해 떠날 줄 아는 용기를 얻게 하는 것이다. 인간의 가장 소중한 것을 잃고 방황하며 우울해 하는 이들이 실낱같은 희망의 불빛을 들고 한 걸음 두 걸음 힘주어 나갈 동기부여를 제공받는 것이다. 저 묵리의 대지에 푸른빛 큰 그늘이 머무르듯, 드디어 찬란하게 빛나는 육중한 몸뚱이가 되어 흰 물결 일으키며 역류하는 긍정적 발전의 정신적 결과물을 기대하는 것이다.

3.

아리랑~
아리랑~
피 맺힌
아리랑 노랫소리가 들린다

홀로 아리랑으론 안 되지
이렇게는 아무것도 안 되지
치욕의 피 흘린 몇 할머니 외침으론
어림도 없지

해방 70여년이 되어도
서울 하늘아래 펄럭이는 일장기를 보면

완전 조국해방은 아니지

눈물의 아리랑
홀로 아리랑만으론 안 되지, 이젠
둘 중의 하나는 주저앉아야
아리랑이 끝나지
—「홀로 아리랑」 부분

위 작품이 이번 시집에서 중심을 이루는 시적 철학과 신념에 무게를 둔다는 생각이 든다. 설령 그렇지 않다고 해도 한 번쯤은 자신의 조국을 향한 역사성이나 애국애족의 신념이란 징검다리 하나쯤 던져놓고 중간 결산의 의미를 피력하고 싶다고 평가할 수도 있을 만큼 시에는 강인하고 지사다운 의지가 다분히 숨겨져 있다.

이미 아리랑은 민족의 수많은 한을 담아서 구전으로 전해 내려오고 있다. 전 세계적인 디아스포라의 아픔을 가슴에 품고 살아가는 한 민족 누구에게나 이 말 한마디 '아리랑'을 들을 때면 죽어 있었던 것 같고, 그 실체가 사라져 버렸을 것 같은 조국애가 솟구쳐 피 끓는 함성을 부르짖고 싶은 뜨거운 열기가 솟구친다.

여기서 함동수 특유의 시적 의식이 발동한다. 이미 이 시의 제목에서 느꼈던 것처럼 '홀로 아리랑'만으로는 안 된다. 이는 한국적 상황을 가장 극명하게 지적하고 있는 초강력 렌즈요, 경종을 울리는 시계로 작용한다. 정치적인 상황과 지방색이 지닌 유유상종의 부정적 결과물이 그렇고, 빈부 격차와 정규직·비정규직 직업전선의 불공평한 환경이 그렇고, 자국민과 해외 동포들 간의 서로 다른 조국을 향한 의식이 그렇고, 디아스포라들이 처해 있는 서로 다른 환경의 차이가 가져다주는 차

별성 교만과 겸허함의 충돌이 그렇다.

이렇듯 서로 다른 변별력으로 각기 흩어진 힘을 모으지 않으면, 앞으로도 한반도의 영광은 기대할 수 없다. 반만년 반도적 위기 아래서 조선과 대한민국이 당한 온갖 어려움과 아픔과 치열한 고통으로부터 전혀 자유롭지 않다고 말해준다. 그런데도 여전히 대한민국의 수많은 이들이 천민자본의 거대한 아가리 속에 자아와 크고 작은 공동체와 이웃들을 그리고 조국의 운명을 처박은 채 도리질을 하고 있지 않은가. 그런 저마다의 탐욕이 가져다주는 그림자의 손짓 하나만으로는 결코 '현해탄을 넘어서', '한 발 건너 두 발을 디딜 준비를 하는 그들을', '달콤한 옛 추억으로 시기만 노리는' 저들의 야욕에서 벗어날 수 없다고 절규한다.

하나가 되어야 한다. 그래야만 해방 70년이 된 대한민국 하늘 아래 온전히 통일기가 휘날리게 된다고 투사적 관점에서 그려내고 있다. 또한, 그가 지닌 유일한 무기인 시로써 시인의 속뜻을 알리고 있다. 이것이 바로 시가 지닌 힘이요, 칼보다도 더 강한 지식의 힘인 것이다.

> 산 그림자보다 커지는 키는 어쩔 수 없어
> 바람의 노래가 가까워지는 건 어쩔 수 없어
> 저녁달을 따라가는 건 어쩔 수 없어
>
> 누구보다 종소리를 크게 들려주고 싶어서
> 가을이 되면 꽃대에서 휘파람 소리가 자라났지
> 머리가 마르고 바람이 불면 먼지털이개처럼
> 마른 몸에선 요란한 비명이 커져갔지
>
> 잔딧물이 말라붙는 소리일거야

개미들이 한바탕 소동을 벌이는 비명일거야
마디가 뼈를 세우고 줄기들이 붙잡아도
바람소리 윙윙거리는 풀 속은 숨이 찰거야

내 몸에서 나는 비명은 이명耳鳴처럼
들리지 않는 몸부림인데
바람이 흔드는 울림을 어찌하라고

풀숲의 기다란 키는 어쩔 수 없어
나도 울고 싶지 않은데
바람이 흔드는 걸 어쩌라고

그 바람을 나는 어쩌라고
—「소리쟁이」 전문

작품「소리쟁이」에선 시인의 마음이 한결 차분해져 있다. 전편의 시에서 다소 '격앙'된 어조가 느껴진다면, 이 시는 미적 재발견을 시도하려고 애쓰는 섬세함이 느껴진다. 비로소 시인이 시대를 거슬러 올라가 제소리를 담아내기 위해 숨 고르기에 들어갔다는 의미이다.

여름에서 가을로, 젊음에서 중년, 노년으로 기울면서 호화찬란함이 지닌 외연의 멋보다도 내적으로 배어 나오는 중후한 멋에 더 관심이 쏠리기 마련이고 그 가치에 우리는 너나 할 것 없이 유혹당하는 것이다. 말 많은 열성적인 세대에서 비로소 침묵 속을 관통하고 들려지는 내면의 소리가 더욱 가치 있고 아름답게 느껴지는 것도 알고 보면 늙음, 세대교체란 아픈 일대기를 넘겨주는 진혼곡으로부터 얻어지는 교훈 때문이다. 이처럼 시인은 시적 사상을 잃지 않고 그의 영혼 속에 간직한 삶의 단편들을 여실히 그려낸다.

1연의 '바람의 노래', '저녁 달 따라가는 건 어쩔 수 없다' 이나 2연의 '가을이 되면 꽃대에서 휘파람 소리가 자라났지', 3연의 '잔딧물이 말라붙는 소리일거야', '개미들이 한바탕 소동을 벌이는 비명일거야', '마디가 뼈를 세우고 줄기들이 붙잡아도' '바람소리 윙윙거리는 풀 속은 숨이 찰거야', 4연의 '내 몸에서 나는 비명은 이명耳鳴처럼' '들리지 않는 몸부림인데', '바람이 흔드는 울림을 어찌하라고.' 이 시대는 참으로 시끌벅적하다. 진지하고도 철저한 검증절차가 없이도 누구나 큰소리치거나 기회를 잘 잡으면 인기인이 되고 재벌이 되고 권력을 품을 수 있고 도서의 판매 부수를 늘릴 수 있는 것이 바로 21세기의 피해갈 수 없는 물량주의의 폐해다. 이는 문화의 대지가 지닌 부끄러운 현실이다.

순간 밀려오는 자괴감을 비롯하여 묵직한 자아 성찰의 비수가 가슴을 파고든다. 그리고 문득 펜을 들고 글쓰기에 돌입한다. 자신의 회고록을, 그 결정체의 한 장면을 우리는 이 작품을 통해서 경험하게 된다.

시인은 이 시대를 가슴 아프고, 거룩한 분노의 눈초리로 직시하며 시를 쓴다. 그 결정체가 바로「소리쟁이」인 것이다. 이는 자신의 삶을 통해서 단단하게 울려오는 거친 호흡과도 같은 시어로 재탄생한다.

집 건너 정류장에
축축한 아침이슬 맞고 서 있는 잿빛수련의
저, 꽃 -
아침 햇살이 얼굴에 닿아도 배경처럼
어두운 저 여자

망각의 끝에 서서 -

어느 여름 날.
좀체 일어설 줄 모르는
쓸쓸함이 넘어오는 프라스틱 의자에 비스듬히 기대어
풀 내음 섞인 과일 쥬스로 겨우 목을 축이며
할딱이던 시커먼 얼굴의 남자

서로, 뜨겁게 닿지 않았다
—「들꽃」 부분

보통 들꽃은 호칭을 부여받지 못한 채 누구 하나 관심을 주는 이 없는 초라한, 혹은 보편적 자태만을 지닌 꽃을 지칭한다. 아무나 밟고 지나고, 짐승들이 배설하고, 먼지 자욱하고, 기계들이 뭉개도 손 하나 쓰는 이들이 없는 것이다. 그렇다면 정확한 이름을 가지고 고가에 팔려가는 각기 화려한 꽃들은 아름답고 들꽃은 추하다는 공식이 만들어진다고 할 수 있는 것인가? 이것이 바로 천민자본의 논리가 지배하는 21세기의 인간시장에서 획일적으로 드러난 문제인 것이다.

이 작품을 보더라도 그렇다. 1연의 '아침 햇살이 얼굴에 닿아도 배경처럼' '어두운 저 여자'나 '쓸쓸함이 넘어오는 플라스틱 의자에 비스듬히 기대어' '풀 내음 섞인 과일 주스로 겨우 목을 축이며', '할딱이던 시커먼 얼굴의 남자'에서 볼 때, 우리는 그 무엇을 깊이 느낄 수 있다. 수사적 언어로 설명이 필요하지 않을 만큼 비주류와 주변인과 경계인의 슬픈 시선과 마주하지 않을 수 없다.

왜, 같은 인간으로 출생했음에도 불구하고, 배경처럼 어두운 존재로 살아야 하는가? 플라스틱 의자에 당당하게도 아닌

비스듬히 앉아서, 풀 내음 날리는 싸구려 주스를 마시면서 목을 축이며 할딱이던 시꺼먼 얼굴의 남자로 공존해야 하는가? 이 표독한 질문에 답을 할 사람을 찾고 있다.

이 사명을 위해서 매일 밤낮 거리에서 피켓을 들고 시위하는 이들이나, 하루 식량을 구걸하는 이들이나 살상을 일삼는 비인간적인 살인마들을 피해서 조국을 버리고 난민이 되어 이 나라 저 나라를 떠돌고 있는 이들의 모습 속에서 우리는 여전히 제값을 부여받고 직수입되는 연약한 그리고 포장된 진실성 부재의 인간으로 살고자 몸부림친다. 어쩌면 자신의 의도와 다르게 시인의 뜨거운 피가 이와 같은 들꽃이란 작품을 낳게 된 것으로 볼 수 있다.

4.

오늘도 빵을 위해 산위를 맴도는 검은 까마귀야
푸르른 검은 날개 짓하는 바로 그 자리가
속절없이 추락하는 절벽의 끝이다

까마귀야, 너도 이 절벽을 떠나
하얀 새가 되고 싶지 않니

배고픈 그대여, 가까이 좀 더 가까이
빵조각이 까맣게 내리는 날
낡은 작업화도 버렸다지

빵도 필요 없는 까만 절벽 아래는
언제나 평온해
아득하게 잦아드는 숨소리조차 고요해

—「까마귀」 부분

앞에서 언급한 지명('은이隱里 골', '묵리', '골배마실', '광파리골',' 제암리' 등)에 대해서 생각하다가 문득 강촌 '문배마을'의 까마귀들이 떠올랐다. 문배마을 곳곳에 무리 지어 날아다니며 착지를 거듭하는 까마귀들과 시인이 그려낸 까마귀들과의 상관관계는 무엇인가. 그들은 모두 일용할 양식을 위해서 비상과 착지를 반복하며 인적 드문 창공이나 숲을 전전하면서 생계를 이어간다.

까마귀가 둥지를 튼다는 말을 들어 본 적 없다. 찬 이슬 내리는 높은 산자락 어느 작은 평지에서 습기를 폐부 깊숙이 들이마시며 서로의 온기를 조금씩 나누며 오늘이란 운명의 대지에 가련한 모습으로 살 뿐이다. 그래서 까마귀는 반포조라 불리면서도 울음소리는 검은 밤하늘을 울리는 비애를 담고 있는 것이다.

작품을 읽다가 시인의 모든 감각이 노동자들, 비정규직 혹은 일용직 근로자들의 거친 심장 소리에 가 닿고 있음을 본다. 그래도 비상과 착지를 멈출 수 없다. 시인이 노래했던 여러 시편 속에 등장하는 유, 무생물들과 같이 공존이란 명분 아래 위로하고, 용기를 주고, 각자 양식을 나누어 먹으며 주어진 생애를 거뜬히 살아야 한다는 종교적 신념이 강하게 나타나 있다.

이 작품은 다음에 등장하는 시 「견고한 끈」 - ('노동이 사는 곳이란 언제나 절벽 끝' '아슬한 위험이 닻을 내리고 살지', '또 다시 새벽이 오면 또 살았구나'하고 채석장을 나서지만', 결코 '변하지 않는 단단한 바위 돌처럼' '질긴 끈은 언제나 나를 조이지' 1연) 와 연계하여 읽는다면 그 효과를 더할 수 있다. 순간순간 채석장 절벽에 달라붙어 일용할 양식을 위해 목숨 건 곡예를 하더라도 돌아오는 대가는 불만족스러운 수치의 금액과 망

가진 몸과 마음뿐이다. 그럴지라도 견고한 끈 하나에 몸과 마음을 묶어서 쉬 흔들리거나 시류에 떠밀려 암울한 저 대지로 곤두박질치는 현상은 없어야 한다.

이번 시집에선 글쓴이의 분노와 아픔 그리고 신 앞에서 무릎을 꿇고 엎드려 절실하게 구하고 싶은 신앙심도 발견할 수 있었다. 때론 어느 한 부분에서 외톨이가 될 수밖에 없는 혹은 연약한 인간으로서의 자신을 발견하는 순간의 절차를 보기도 했다. 그리고 일정 보폭을 유지하다가도 다시 곤두박질치는 자신의 내면의 울림을 발견할 수도 있었다. 이윽고 그는 다음과 같은 지점에 와서야 다시 힘을 받는다. 그리고 굳은 의지를 독자들에게 공언하고 있다. 그 작품이 바로 「집터를 세우며」이다.

집을 짓는 일은 도전이다
집을 짓기 전에 길을 먼저 낸다
집을 짓는 것인지 길을 내는 것인지 알 수 없다

그간의 묵은 짐을 들어내다 버리기를 수십여 차례 만에
사람을 품고 지내던 낡은 집이
동굴처럼 컴컴하게 비어간다

집을 짓는 일이란
새 길을 여는 것
옛 것과 간단치 않게 이별하는 것이니
낡은 길을 허물어야 새 길이 온다

길 위에 던져진 그림자 지워지고

또 다른 그림자가 세워질 때까지
검은 적막은 혁명의 시간이다

집을 짓는 데는 큰 돌이 필요한 것이 아니라
작은 돌이 더 필요하다
어우러져 틀을 잡고 작은 공간을 채워야
길이 되는 것이다

이제 큰 길을 가는데 큰 돌, 작은 돌을 탓할 수 없다
작은 집 하나 짓는데, 작은 마당 하나
마음의 지평선 하나면 부러울 것이 없다
—「집터를 세우며」 전문

5.

삶 자체는 정형적인 내재율 안에선 결코 존재할 수 없는 자유시에 해당한다고 할 수 있다. 대지도 그렇고 인간의 삶 역시 그렇다. 대지가 풍요로운 힘을 지니고 있을 때야 비로소 아름다운 꽃과 나무들이 생존하는 데 절대적으로 필요한 양분을 공급받아 거대한 숲을 이루듯이 말이다. 사람 역시 충분한 영혼과 육체의 쉼이 없다면 인간관계로부터 받는 느낌은 경계와 불신 그리고 부정적 경쟁만 유발될 뿐이다.

이 시대는 시를 잃어버렸다. 아니 문학의 열정과 독자로서의 선택권을 잃고 말았다. 그 자리에 물질을 척도로 그것을 숭배하면서 사람의 가치를 심각하게 훼손시켜 버렸다. 마치 괴물처럼 분노를 발산하고, 눈빛 이글거리며 불신의 아가리에 물리고 무는 그 결과로 인문학의 위기를 자초하고 말았다.

이미 함동수의 많은 시편이 인생의 고락을 터치하고 지나온

것만을 보더라도 우리는 맺음을 이야기하지 않을 수 없다. 분명한 것은 그의 또 다른 시세계의 발전을 위해서라도 반드시 결산해야만 한다.

절대 길지 않은 생애의 가치를 느끼며 의미 있게 살려고 하는 이들에겐 반드시 영혼의 몸부림이 수반되기 일쑤다. 어둠이 지나면 밝음이 찾아온다. 밝아오는 여명을 바라보며 우리는 마음속 깊이 우러나오는 탄성에 스스로 감동하는 것이다. 아무리 고된 노동을 할지라도 두 다리 길게 뻗을 공간으로서의 집이 있다는 것과 따스하게 맞이하는 가족들이 있기에 귀가하는 발걸음은 경쾌하다. 가스통 바슐라르가 그의 저서에서 "대지는 어떤 모양으로든 휴식을 취해야 다음의 소출을 기대할 수 있다"고 한 것처럼 어둠과 밝음, 슬픔과 기쁨, 고뇌와 평안 등 삶의 환경은 고장난 기어처럼 생환의 거듭됨을 통해서 미래의 또 다른 결과물을 향해 끊임없이 돌아가게 되어있다.

누구에게나 경험은 필요하나 문제는 그 진심 어린 충언에 귀 기울일 수 있는가에 달린 것이다. 그 열쇠는 시를 쓴 저자가 아닌 이 시집을 들고 읽어줄 독자의 몫으로 남는다. 부디 함동수의 시집 『은이隱里 골에 숨다』가 소외된 이웃에게 따스한 가슴이 되고 치유의 언어가 되길 소망한다.

함동수

강원 홍천생으로 1980년부터 습작하는 과정을 거치며, 2000년부터 문단에 글을 발표하기 시작했다.『문학의식』에서 신인상을 받았으며, 2012년부터는 사)한국문인협회 용인지부장을 지냈다. 용인출신 적구 유완희 시인을 발굴하여『송은 유완희의 문학세계』등 연구서를 공동 출판하였으며, 예총과 사)한국문인협회 남북교류위원회 위원으로 있다. 한신대학원을 졸업했다
시집으로는『하루 사는 법』이 있으며, 경기문학상, 경기예술대상 수상과 여러 편의 논문이 있다.

이메일 : greendongsoo@hanmail.net

함동수 시집

은이隱里골에 숨다

발　행 2015년 10월 30일
지 은 이 함동수
펴 낸 이 반송림
편집디자인 김지호
펴 낸 곳 도서출판 지혜
계간시전문지 애지
기획위원 반경환 이형권 황정산
주　소 34624 대전광역시 동구 선화로 203-1 2층 도서출판 지혜 (삼성동)
전　화 042-625-1140
팩　스 042-627-1140
전자우편 ejisarang@hanmail.net
애지카페 cafe.daum.net/ejiliterature

ISBN : 979-11-5728-162-6 03810
값 9,000원

* 이 책은 용인시 창작지원금을 일부 받아 출간되었습니다